BEI GRIN MACHT SICH IHR WISSEN BEZAHLT

- Wir veröffentlichen Ihre Hausarbeit, Bachelor- und Masterarbeit

- Ihr eigenes eBook und Buch - weltweit in allen wichtigen Shops

- Verdienen Sie an jedem Verkauf

Jetzt bei www.GRIN.com hochladen und kostenlos publizieren

Anne-Sophie Schmidt

Die Ausbreitung und Wirkung des französischen Symbolismus

Am Beispiel von Dichtungen Stefan Mallarmés und Stefan Georges

GRIN Verlag

Bibliografische Information der Deutschen Nationalbibliothek:

Die Deutsche Bibliothek verzeichnet diese Publikation in der Deutschen Nationalbibliografie; detaillierte bibliografische Daten sind im Internet über http://dnb.d-nb.de/ abrufbar.

Dieses Werk sowie alle darin enthaltenen einzelnen Beiträge und Abbildungen sind urheberrechtlich geschützt. Jede Verwertung, die nicht ausdrücklich vom Urheberrechtsschutz zugelassen ist, bedarf der vorherigen Zustimmung des Verlages. Das gilt insbesondere für Vervielfältigungen, Bearbeitungen, Übersetzungen, Mikroverfilmungen, Auswertungen durch Datenbanken und für die Einspeicherung und Verarbeitung in elektronische Systeme. Alle Rechte, auch die des auszugsweisen Nachdrucks, der fotomechanischen Wiedergabe (einschließlich Mikrokopie) sowie der Auswertung durch Datenbanken oder ähnliche Einrichtungen, vorbehalten.

Impressum:

Copyright © 2010 GRIN Verlag GmbH
Druck und Bindung: Books on Demand GmbH, Norderstedt Germany
ISBN: 978-3-656-33607-5

Dieses Buch bei GRIN:

http://www.grin.com/de/e-book/206377/die-ausbreitung-und-wirkung-des-franzoesischen-symbolismus

GRIN - Your knowledge has value

Der GRIN Verlag publiziert seit 1998 wissenschaftliche Arbeiten von Studenten, Hochschullehrern und anderen Akademikern als eBook und gedrucktes Buch. Die Verlagswebsite www.grin.com ist die ideale Plattform zur Veröffentlichung von Hausarbeiten, Abschlussarbeiten, wissenschaftlichen Aufsätzen, Dissertationen und Fachbüchern.

Besuchen Sie uns im Internet:

http://www.grin.com/

http://www.facebook.com/grincom

http://www.twitter.com/grin_com

Universität Osnabrück
Semester: SS 2010
Seminar: Tendenzen symbolistischer Lyrik
          im Frankreich des 19. Jahrhunderts

Die Ausbreitung und Wirkung des französischen Symbolismus

———————

am Beispiel von Dichtungen Stefan Mallarmés und Stefan Georges

Anne-Sophie Schmidt   Europäische Studien

Inhaltsverzeichnis

1. Einleitung.. 1

2. Die kosmopolitische Dimension des Symbolismus 1

3. George und Mallarmé 4

    3.1 George und der deutsche Symbolismus 4

    3.2 Der Einfluss Mallarmés 6

        3.2.1 Die Dichtung des Stefan Mallarmé 6

        3.2.2 Mallarmésche Elemente in der Dichtung Georges 10

4. Fazit 12

Literaturangaben 14

Anhang: *Autre Éventail de Mademoiselle Mallarmé* und *Auf der Terrasse* 15

1. Einleitung

„Symbolisten: [...] der Künstler kann eine ganz andere Ursache, ein anderes äußeres Ereigniß finden, welche seinem Zustande ganz fremd sind, aber welche das nämliche Gefühl, die nämliche Stimmung erwecken und den nämlichen Erfolg im Gemüthe bewirken würden. Das ist die Technik der Symbolisten. Die alte Technik nimmt das Gefühl selbst oder seinen äußeren Grund, und Gegenstand zu ihrem Vorwurfe – die Technik der Symbolisten nimmt einen anderen und entlegenen Gegenstand, aber der von dem nämlichen Gefühle begleitet sein müßte."[1]

Genau um diese Technik, die Hermann Bahr hier beschreibt, soll es in der vorliegenden Arbeit gehen.

Sie beschäftigt sich mit der Ausbreitung einer Literatur- und Kunstbewegung des 19. Jahrhunderts – dem Symbolismus.

Zunächst soll die kosmopolitische Dimension dieser Gegenbewegung des Naturalismus beschrieben werden. Es wird gezeigt, wie die Bewegung sich von Frankreich ausgehend verbreitet und schon zu Beginn unter Einfluss verschiedener europäischer Literatur- und Kunstrichtungen stand.

Darüber hinaus soll näher auf den deutschen Symbolismus und dessen Wegbereiter Stefan George eingegangen werden. Anhand der Gegenüberstellung zweier Gedichte wird geprüft, inwieweit George sich in seiner Dichtung tatsächlich an seinem Vorbild Stefan Mallarmé orientiert. In einem abschließenden Fazit werden die Ergebnisse zusammengefasst.

2. Die kosmopolitische Dimension des Symbolismus

Im Gegensatz zur Strömung des Impressionismus, die zunächst als ausschließlich französisch betrachtet werden kann, lässt sich in der Bewegung des Symbolismus eine geographisch breitere Dimension erkennen.[2]

So finden sich die Wurzeln der symbolistischen Bewegung außerhalb Frankreichs. Zum einen hat die angloamerikanische Kultur, insbesondere durch Edgar Poe, Thomas

---

[1] Bahr, Hermann: Symbolisten. In: Die Nation. Wochenschrift für Politik, Volkswirthschaft und Literatur. Jg. 9 (1892), Nr. 38. S. 577.
[2] Vgl. Illouz, Jean-Nicolas: Le Symbolisme. Paris 2004. S. 64f.

Carlyle, Swinburn und der reformatorischen Künstlergruppe der *Präraphaeliten* einen großen Einfluss auf die Ausbildung der neuen Strömung.[3]

Darüber hinaus trägt auch die deutsche Kultur zum Entstehen des Symbolismus bei. Hier gilt es vor allem den Einfluss der deutschen Romantik durch Wagner und Schopenhauer zu erwähnen.[4]

Die spirituelle Ausprägung des Symbolismus hat ihren Ausgang im russischen Roman.[5] Die kosmopolitische Dimension der Bewegung lässt sich jedoch vor allem zu jener Zeit in Frankreich, insbesondere in Paris feststellen. Die französische Hauptstadt kann als Anziehungspunkt der symbolistischen Künstler verschiedener Nationen bezeichnet werden und somit ist bald erkennbar, dass viele Protagonisten des französischen Symbolismus ausländische Wurzeln besitzen. Als Beispiel lässt sich der Grieche Jean Moréas nennen, Verfasser des Manifests des französischen Symbolismus.[6] Darüber hinaus lassen sich Francis Vielé-Griffin und Stuart Merrill erwähnen.[7] Die beiden Amerikaner spielen eine große Vermittlerrolle zwischen Europa und Amerika. Auch Téodor Wyzewa, Dichter polnischer Herkunft, kann als Beispiel dienen. Er publiziert gemeinsam mit Édouard Dujardin die bekannte Zeitschrift *La revue wagnérienne.*

Ein weiteres Indiz für die kosmopolitische Ausrichtung des französischen Symbolismus ist die Tatsache, das zwei Drittel der in französischer Sprache dichtender Symbolisten belgischen Ursprungs ist.[8]

Neben der kosmopolitischen Atmosphäre in Frankreich lässt sich eine Ausdehnung der Bewegung auf viele europäische Länder erkennen – nicht immer wird die neue Stilrichtung jedoch mit dem Begriff *Symbolismus* betitelt. In Belgien spricht man beispielsweise vom *Jeune Belgique*, in Skandinavien vom *Young Scandinavia*.[9]

Als eine wichtige Ursache für die rasche Ausbreitung der neuen literarischen Bewegung kann die Tatsache gelten, dass um die Jahrhundertwende in viele Länder ähnliche gesellschaftliche Umwälzungen erkannt werden können. Künstler und

---

[3] Vgl. ebd.: 66f.
[4] Vgl. ebd.: 65.
[5] Vgl. ebd.
[6] Vgl. ebd.
[7] Vgl. Citti, Pierre: La Mésintelligence. Essais d'histoire de l'intelligence française du symbolisme à 1914. Saint-Étienne 2000. S. 72.
[8] Vgl. Peyre, Henri: Que sais-je? La littérature symboliste. Presse Universitaires de France 1976. S. 107.
[9] Vgl. Charguina, Ludmilla: The Typology of Symbolism in Central and Eastern Europe. In: Actes du VIIIe Congrés de l'Association Internationale de Littérature Comparée. Budapest 1976. S. 545.

Literaten verschiedener Nationen erleben die Entwicklung der Technik, die Mechanisierung und die fortschreitende Industrialisierung und suchen nach einer geeigneten Ausdrucksform ihrer Erfahrungen. Der Symbolismus dient ihnen als künstlerische Lösung der aufkommenden gesellschaftlichen und politischen Probleme. Darüber hinaus suchen zu jenem Zeitpunkt viele Künstler nach einer neuen Ausdrucksform, da das künstlerische Schaffen oft nur noch eine Nachahmung von schon Geschaffenem darstellt. Die Strömungen dieser Zeit hatten sich selbst überlebt und so heißen Schriftsteller und Künstler den Symbolismus als Werkzeug gegen den Traditionalismus und Konservativismus willkommen.[10]

Die bezeichnensten Auswirkungen hat der französische Symbolismus auf die belgischen, russischen, englischen und deutschen Künstler.

In Deutschland spielen vor allem die drei Dichter Stefan George, Hugo von Hoffmannsthal und Rainer Maria Rilke eine herausragende Rolle.[11] Der deutsche Symbolismus wird in dieser Arbeit noch genauer untersucht.

Bezüglich des englischen Symbolismus ist die schon erwähnte Künstlergruppe, die *Präraphaeliten*, der Schriftsteller John Ruskin sowie Arthur Symons hervorzuheben. Letzterer breitet den französischen Symbolismus mit seiner Studie *The Symbolist Movement in Literature* bis nach Japan aus.[12]

Der französische Symbolismus beeinflusst des Weiteren das *Goldene Zeitalter* in Russland. Der Dichter Valéry Brioussov entdeckt Charles Baudelaire, Paul Verlaine sowie Maurice Maeterlinck und führt die franko-belgische Bewegung in Russland ein.[13] Darüber hinaus gilt es Alexandre Blok zu erwähnen, dessen Werk *Cantiques de la Belle Dame* die beiden Strömungen Parnass und Symbolismus zugleich in Russland bekannt werden lässt.[14]

Im Hinblick auf die belgischen Symbolisten ist zu konstatieren, dass diese vor allem zu einer europäischen Orientierung des Symbolismus beitragen. Jedoch bewahren herausragende Künstler wie Emile Verhaeren, Georges Rodenbach, Maurice Maeterlink und Van Leberghe immer auch die nationalen Besonderheiten einer belgischen Literatur

---

[10] Vgl. Szabolcsi, Miklós: On the spread of symbolism. In: The symbolist movement in the literature of European languages. Hg. v. Anna Balakian. 1984. S. 184.
[11] Vgl. Peyre: 107f.
[12] Vgl. Citti: 77.
[13] Vgl. Peyre: 117.
[14] Vgl. Citti: 73 und Illouz: 67.

in französischer Sprache. Für den belgischen Symbolismus ist bezeichnend, dass hier weniger der Inhalt, sondern vielmehr die Form thematisiert wird. Auch das übersetzen von Bildern bzw. Gemälden in Worte kann – vor allem durch Verhaeren – als Charakteristikum genannt werden.[15]

Den Fragen, inwieweit die literarische Bewegung in Deutschland eine Rolle spielt und welchen Einfluss der französische Symbolismus auf die deutschen Ausprägungen hat, soll im Folgenden nachgegangen werden.

3. George und Mallarmé

3.1 George und der deutsche Symbolismus

Um die Jahrhundertwende wird sich Deutschland seines literarischen, vor allem dichterischen Rückstandes bewusst. Zwischen 1880 und 1890 entstehen zahlreiche neue literarische Strömungen, die kaum in ein Muster oder eine Reihenfolge zu bringen sind.[16] In diesem vielfarbigen Neben- und Durcheinander gelangt auch die „art pur, détaché des déclamations sociales comme des joliesses artistes"[17], die sich vornehmlich gegen den Naturalismus richtet, nach Deutschland. Bezeichnend ist die Nähe des literarischen Symbolismus zur künstlerischen Strömung, die so auch in Frankreich zu erkennen ist.

Personen, auf die der Symbolismus in Deutschland Bezug nimmt, sind Hölderlin, Novalis und Nietzsche.[18] Die äußeren Voraussetzungen für eine symbolistisch-poetische Bühne schafft Wagner mit seiner Reform des Theaters.[19]

Als wichtigste Vertreter des deutschen Symbolismus lassen sich – neben Stefan George – Hugo von Hofmannsthal[20], Rainer Maria Rilke[21] und Karl Gustav Vollmoeller[22]

---

[15] Hess, Elizabeth: The symbolist movement in Belgium. In: The symbolist movement in the literatur of European languages. Hg. v. Anna Balakian. Budapest 1984. S. 565 ff.
[16] Vgl. David, Claude: Stefan George. Sein dichterisches Werk. München 1967, S. 35 ff.
[17] Vgl. Citti: 74.
[18] Vgl. Illouz: 66.
[19] Wais, Kurt: German poets in the proximity of Baudelaire and the symbolists. In: The symbolist movement in the literatur of European languages. Hg. v. Anna Balakian. Budapest 1984. S. 145.
[20] „C'est en Hoffmannsthal, que le symbolisme trouve son expression la plus belle et la plus profonde." Citti: 75.
[21] In seinen *Cahiers de Malte Laurid Brigge* findet sich die typisch symbolistische Spannung zwischen „vivre et faire oeuvre poétique" wieder. Citti: 75.
[22] Er wendet die symbolistischen Stilmittel auch auf das Drama an.

nennen. Ihnen dienen als Vorbilder vor allem die französischen Symbolisten Mallarmé, Valéry, aber auch der Vorreiter des Symbolismus Charles Baudelaire.[23] Auch Vertreter, die der stofflich bestimmten Neuromantik oder dem literarischen Jungendstil zugerechnet werden, sind zum Teil vom Symbolismus beeinflusst. Für andere Schriftsteller hingegen – wie Hermann Hesse, Thomas und Heinrich Mann – bedeutet der Symbolismus lediglich eine Übergangsphase.

Stefan George (1868-1933)[24], der 1989 – damals 21 Jahre alt – nach seinem Parisaufenthalt, im Rahmen dessen er an den berühmten *mardis soirs* des begabten Stefan Mallarmé in Paris teilnimmt, zurück nach Deutschland kehrt, ist beeindruckt von der

> „ganz neuen, edlen, innerlichen Kunst, die das Wort wieder als etwas Zartes und Heiliges zu behandeln verstand und auch das Unerklärliche, nur Geahnte oder undeutlich Empfundene wiederzugeben wusste. Denn sie verstand auch die unbewussten Regungen der Seele und die flüchtigsten Stimmungen auf geheimnisvolle Art im Gedicht festzuhalten. Diese Kunst sprach nicht mehr gerade aus, sie suggerierte ihren Hörern das, was sie ihnen vernehmlich machen wollte, einerlei, ob es sich um eine Idee, ein Gefühl oder eine Stimmung handelte."[25]

So fordert George in Deutschland ein „renouvellement formal qui change radicalement la nature de la représentation"[26], eine „GEISTIGE KUNST [...] – eine kunst für die kunst – [...] im Gegensatz zu jener verbrauchten und minderwertigen schule die eine falsche auffassung der wirklichkeit entsprang sie kann sich auch nicht beschäftigen mit weltverbesserung und allbeglückungsträumen."[27]

Vor allem in seinen literarischen Anfängen ist der französische Einfluss – insbesondere die Hinwendung zu Mallarmé – besonders bezeichnend.[28] Auch das dichterische Selbstverständnis übernimmt George stark von Mallarmé: Nach dem Vorbild der *mardis soirs* Mallarmés lässt George einen Kreis von Bewunderern um sich herum entstehen.[29]

---

[23] Vgl. Peyre: 108.
[24] Vgl. Arnold, Heinz-Ludwig (Hrsg.): text + kritik. Stefan George. Heft 168. Oktober 2005. S. 123.
[25] Sior, Marie-Luise: Stefan George und der französische Symbolismus. Giessen 1932, S. 57.
[26] Illouz: 66.
[27] George, Stefan. In: Blätter für die Kunst. Bd. 2. (Dezember 1892).
[28] Vgl. Wohlleben, Rudolf: Stefan George. Spurensuche für Liebhaber und Lernende. Alf 2004, S. 86; Durzak, Manfred: Zwischen Symbolismus und Expressionismus: Stefan George. Stuttgart 1974, S. 164: „Es gibt wohl keinen einzigen deutschen Schriftsteller seiner Generation, dessen Anfänge derart vom Geist des französischen Symbolismus durchdrungen waren."
[29] Die dekadenten und hierarchischen Strukturen sind jedoch im George-Kreis in stärkerer Weise ausgeprägt. Vgl. Schonauer, Franz: Stefan George. Reinbek bei Hamburg 1960, S. 23.

Die 1892 von ihm publizierte Zeitschrift *Blätter für die Kunst*, die Übersetzungen von Baudelaire-, Rimbaud- und Mallarmé-Texten sowie theoretische Konzepte enthält, vereint die deutsche Bewegung des Symbolismus.[30]

Im Folgenden wird herausgestellt, inwieweit Mallarmés Techniken im frühen Werk Georges wiederzufinden sind. Es werden zunächst anhand des Gedichts *Autre Éventail de Mademoiselle Mallarmé* einige Besonderheiten der Dichtung Mallarmés aufgezeigt. An Georges *Auf der Terrasse* wird untersucht, inwieweit sich diese hier ebenfalls erkennen lassen.

3.2 Der Einfluss Mallarmés
3.2.1 Die Dichtung des Stefan Mallarmé

Das 1884 in der *La Revue critique* publizierte Gedicht *Autre Éventail* eignet sich gut, um die Besonderheiten der Dichtungsweise Mallarmés zu erläutern, da es einen Platz einnimmt „à cote des meilleurs poèmes courts de l'auteur".[31]

Wie der Titel uns mitteilt, steht im Mittelpunkt des Gedichts ein Gegenstand, genauer ein Fächer. Es handelt sich jedoch nicht – wie evtl. vom Leser erwartet – um eine gewöhnliche Beschreibung eines Gegenstands. Der Fächer ist derjenige, der in den fünf Vierzeilstrophen spricht, er spricht zu dem im Titel genannten Mädchen. Es ist ein Erlebnisvorgang wahrzunehmen: wechselnde, sich steigende Empfindungen des Fächers, der von der Hand des Mädchens entfaltet, bewegt und wieder zusammengefaltet wird. Wird der Vorgang des Gedichts so leichtfertig beschrieben, wie vorangegangen, so wirkt dies jedoch völlig unangemessen. So viel Konkretes wird der „Entkonkretisierung des Vorgangs"[32], die in dem Gedicht stattfindet, nicht gerecht. Denn auf keine der eben genannten inhaltlichen Beschreibungen weist das Gedicht direkt hin. Denn für Mallarmé hat Dichtung, die erklärt, „in dem Maße, als sie erklärt,

---

[30] Vgl. Illouz: 66.
[31] Hambley, P.S.: Mallarmé, le crépuscule et les mythes: notes sur *Victorieusement fui* et *Autre Éventail*. In: Australian Journal of French Studies. XXII, Nr. 3 (Sep-Dez 1985), S. 271.
[32] Köhler, Erich: Vorlesungen zur Geschichte der Französischen Literatur. Hg. v. Henning Krauß u. Dietmar Rieger. Band 6,3; S. 165. http://www.freidok.uni-freiburg.de/volltexte/2654/pdf/19_Jahrhundert_3_bearbeitet.pdf

keinen Raum für das Geheimnis, das eine suggestive Sprache im mitkreierenden Leser erraten lässt."[33] So stellt Mallarmé fest:

> „*Nommer* un objet, c'est supprimer les trois-quarts de la jouissance du poëme qui est faite de deviner peu à peu : le *suggérer*, voilà le rêve. C'est le parfait usage de ce mystère qui constitue le symbole : évoquer petit à petit un objet pour montrer un état d'âme, ou, inversement, choisir un objet et en dégager un état d'âme, par une série de déchiffrements."[34]

Und selbst das suggerierte Bild soll im Gedicht wieder verschwinden um als bleibender Eindruck nur noch die Idee zu hinterlassen. Die Idee soll plastisch hervortreten, so dass ihre ganze Materialität von ihr abfällt.

Dies wird im vorliegenden Gedicht sehr deutlich. Der Leser bekommt keine eindeutigen, direkten Hinweise. Die oben aufgeführte inhaltliche Beschreibung des Gedichts muss er sich mühsam erarbeiten: Wer verbirgt sich hinter dem „je" oder wo findet sich der angekündigte „Éventail" im Gedicht wieder? Der Vorgang, die Bewegung des Fächers, wird nicht direkt beschrieben, lediglich kleine Bildausschnitte, Assoziationen oder Sinnerregungen werden aneinandergereiht. Der Leser erhält lediglich einzelne Bildpunkte anstelle ausgefüllter Bilder.[35] Dieser Effekt wird zusätzlich verstärkt, indem Mallarmé keine Allegorien, sondern Symbole verwendet:

> „Die Allegorie verwandelt die Erscheinung in einen Begriff, den Begriff in ein Bild, doch so dass der begriff im Bilde immer noch begrenzt und vollständig zu halten und zu haben und an demselben auszusprechen sei. – Die Symbolik verwandelt die Erscheinung in Idee, die Idee in ein Bild und so dass die Idee im Bild unendlich wirksam und unerreichbar bleibt, und selbst in allen Sprachen ausgesprochen doch unaussprechlich bliebe."[36]

Dies wird deutlich in der Symbolik des Fächers, die hier das Gedicht bestimmt.

Es soll also „das Nicht-Erscheinende zur Erscheinung"[37] gebracht werden.

Nicht der Gegenstand, sondern seine Wirkung soll sprachlich Gestalt annehmen. Mallarmés Ziel ist : „de peindre, non la chose, mais l'effet qu'elle produit."[38]

---

[33] Ebd: 128.
[34] Mallarmé, Stefan: Réponses à des enquêtes sur l'évolution littéraire. In: Mallarmé, Stefan: Œuvres complètes. Texte établi et annoté par Henri Mondor et G. Jean-Aubry. Paris 1974, S. 869.
[35] Hoffmann, Paul: Symbolismus. München 1987, S. 169.
[36] Goethe: Maxime und Reflexionen über Kunst. Sämtliche Werke. Bd. 35, S. 325. Zitiert in: Sior: 62.
[37] Köhler: 130.

Hier wird *l'art pour l'art* zur *poésie pure* der absoluten Zweckfremdheit.

Schon mit dem Ausruf „O rêveuse" zerfließt die Dinglichkeit der Gegenstände: Beschreibt das Gedicht etwa nur einen Traum? Der Leser wird im Ungewissen belassen.

Dieses Geheimnisvolle, Ungewisse erreicht Mallarmé mit der Isolierung einzelner Worte. Indem er die Worte völlig ihrer gewohnten Funktion beraubt, offenbaren sie dann erst ihren ursprünglichen Sinn.[39] Durch Neufügung und Kombination der Wörter können diese dann „durch ihr neues gegenseitiges Verhältnis, durch nicht geahnte Bezüglichkeiten, bisher verborgene Zusammenhänge aufleuchten lassen."[40] Der Vers, der diese neue Sprache rhythmisiert, der so ungewohnt platzierte Wörter zu einer neuen Einheit verbindet, ergibt dann etwas ganz Neues und Unbekanntes. Auch diese Technik lässt sich an *Autre Eventail* nachweisen. Hervorheben lässt sich die letzte Strophe. Hier finden sich Worte in einer völlig neuen Umgebung. Der Leser stolpert beispielsweise über „le sceptre des rivage roses". Er wird zum genauen, langsamen Lesen gezwungen und so entfaltet jedes einzelne Wort sein semantisches Potential. Er wird bei den meisten Wörtern darauf gestoßen, sich nach dem Warum der Anwendung zu fragen, da jedes Wort in seiner „assoziativen Kraft"[41] aufgefasst werden muss. Die syntaktische Bindung und das ungebrochene Metrum lassen die Worte jedoch zu einer Einheit werden. Diese Neustrukturierung der Sprache führt zu einer bewussten Abgrenzung von der an die unreine, profane, zweckverhaftete Existenz gebundenen Sprache und befreit die Worte somit von ihrer Banalität.[42]

Zudem herrscht eine „syntaktische Zusammendrängung auf engen Raum von vielen Gedankenbeziehungen"[43], was ebenfalls typisch für Mallarmé ist. Es herrscht eine große „Dichte der Form"[44] bzw. eine „Intensität in der Kürze"[45]. Das Gedicht erhält viele Assoziationen, Ideen und flüchtige Erscheinungen zugleich, was das Gedicht – trotz

---

[38] Mallarmé, Stefan: Hérodiade. In: Œuvrés complètes, S.1440.
[39] „Le vers qui de plusieurs vocables refait un mot total, neuf, étranger à la langue et comme incantatoire, achève cet isolement de la parole: niant, d'un trait souverain, le hasard demeuré aux termes malgré l'artifice de leur retrempe alternée en le sens et la sonorité, et vous cause cette surprise de n'avoir ouï jamais tel fragment ordinaire d'élocution, en même temps que la réminiscence de l'objet nommé baigne dans une neuve atmosphère." Mallarmé, Stefan: Variations sur un sujet (Crise de vers). In: Œuvres complètes: 368.
[40] Köhler: 131.
[41] Spitzer, Leo: Interpretationen zur Geschichte der französischen Lyrik. Hg.v. Dr. Helga Jauß-Meyer und Dr. Peter Schunck. Heidelberg 1961, S. 181.
[42] Vgl. ebd.
[43] Ebd.
[44] Ebd.
[45] Ebd.

seiner einfachen, leichten metrischen Form (Vierzeilerstrophen von „flüssigen Achtsilbern"[46]) – zusätzlich schwierig werden lässt.

Auffällig ist hier die Aufrechterhaltung der metrischen Form, allgemein die wenig moderne formale Gestaltung des Gedichts. Diese explizit feste Form bei „Verdampfung des Inhalts"[47] ist typisch für Mallarmé.

Ein weiteres Kennzeichen der Dichtung Mallarmés ist die Musikalität der Sprache. Diese entsteht unter anderem aus der erwähnten Isolierung einzelner Worte, die somit ihren vollen Klang ausbreiten können, aus der Dominanz von Vokalen sowie durch ein „komplexes Netz klanglicher Bezüge"[48]. Sichtbar wird dies in der ersten Strophe. Hier dominieren zunächst die Vokale „o" und „u". Es ist darüber hinaus auch eine onomatopoetische Wirkung der Worte zu erkennen (Bsp: „plonge" mit einem explosiven p). Die Strophe endet jedoch mit der Dominanz des Vokals „a".

Aus all den genannten Spezifika der Dichtung Mallarmés resultiert eine bewusste Öffnung des Gedichts auf den Leser hin. Es wird keine eindeutige Lösung angeboten. „Es ist eine Dunkelheit die nicht gelichtet werden kann, es bleibt immer ein Rest des Unerklärbaren, ein Rest von Schweigen."[49] Es ist also eine Dichtung, die den Leser zur Erwägung der verschiedensten Auffassungsmöglichkeiten drängt. So ist es keine Überraschung, dass das Gedicht von einigen Romanisten als Liebesgedicht gedeutet wird, in dem der Liebhaber zu seiner Angebeteten spricht.[50] Eine andere von Hugo Friedrich[51] vorgenommene Interpretation geht jedoch davon aus, dass hier das Absolute und das Wort, die nie zueinander kommen können, gestaltet seien. Es könnte also der Aufstieg der Poesie zur Erkenntnis beschrieben worden sein. Das heißt, der Poet erreicht das „paradis farouche" letztendlich nicht, er kann hineinsehen, aber er ergreift es durch seine Poesie nicht. Der Fächer bleibt in der Realität, in der Hand des Mädchens. Durch diese Ohnmacht lässt sich die zu spürende Resignation, die über dem gesamten Gedicht liegt, erklären.

---

[46] Ebd.
[47] Ebd.: 185.
[48] Hoffmann: 169f.
[49] Spitzer: 186.
[50] So interpretieren beispielsweise Leo Spitzer, George Craig oder Kurt Weinberg das Gedicht als eine erotische Beziehung zwischen Mann und Frau oder gar zwischen Vater und Tochter.
[51] Siehe: Friedrich, Hugo: Die Struktur der modernen Dichtung. Von der Mitte des neunzehnten bis zur Mitte des zwanzigsten Jahrhunderts. Hamburg 2006.

3.2.2 Mallarmésche Elemente in der Dichtung Georges

Um nun zu prüfen, inwieweit George tatsächlich die Dichtungen Mallarmés in seine Werke einfließen lässt, wird eines der frühen Gedichte Georges herausgegriffen, da diese direkt nach seinem Parisaufenthalt erschienen und somit besonders geprägt sein müssten.

Beim Lesen des 1890 publizierten Gedichts *Auf der Terrasse* lässt sich eine dem im Mallarmé-Gedicht herausgearbeiteten Vorgehen sehr ähnliche Technik feststellen. Der Titel des vierstrophigen Gedichts verweist auf einen Gegenstand, den der Leser im Gedicht wiederzufinden erwartet. Er findet jedoch anstelle eine direkten Bezugs zum Titel, also zu einer Terrasse, eine Beschreibung von wechselnden Sinneindrücken, schemenhaft angedeuteten Handlungen und einzelnen Bildsplitter[52], die der Leser zunächst mühsam zusammensetzen muss, um dann eine Ahnung einer einzigen Gesamtbildlichkeit bekommen zu können. Vor allem in der ersten Strophe, die tatsächlich im Gesamtbild Bezug auf die Überschrift nimmt, wird deutlich, dass auch George das direkte Nennen zurückweist: „fern liegt es ihnen [den Symbolisten] dinge und ereignisse zu beschreiben – ihnen heisst es nur: hervorrufen und einflüstern mit hülfe wesentlicher worte."[53] Es geht also auch hier darum, dem kaum Fassbaren, Unerklärlichen sprachlichen Ausdruck zu verleihen. Und somit grenzt sich auch George von der banalen Sprachverwendung ab.[54]

Auch er erreicht die „sinnliche Vergegenwärtigung einer Idee"[55], indem er eine Wirklichkeit schafft, „deren Sinn sich zu entziehen beginnt [und so] „die Unmittelbarkeit der Realitätserfahrungen im Gedicht zum Problem werden"[56] lässt.[57] „Wo die tradierten Sinnbezüge zerfallen, bleibt die Sprache selbst als einziger Sinn."[58] Dies erreicht er ebenfalls durch die Isolierung einzelner Worte: „das wort aus seinem gemeinen

---

[52] Beispielsweise ein Schatten auf einer Vase oder „himmelgrüne" Lichtreflexe.
[53] Gérardy, Paul: GEISTIGE KUNST. In: Blätter für die Kunst. Folge 2, Bd. 4 (Oktober 1894), S. 113.
[54] „Jedes einzelne Gedicht Georges vollzieht diese Unterscheidung zur nicht-poetischen Sprache [...]. Braungart, Wolfgang: "Was ich sinne und was ich noch füge / Was ich noch liebe trägt die gleichen züge". Stefan Georges performative Poetik. In: Text + Kritik. Zeitschrift für Literatur. Heft 168 (2005), S. 7.
[55] Sior: 58.
[56] Durzak: 9.
[57] Sichtbar wird dies vor allem in der plötzlichen Wendung des Gedichts mit Beginn der zweiten Strophe. Hier entzieht sich dem Leser zunächst vollkommen der Sinn: Woher kommt plötzlich das „ich", was hat es mit dem „heißen rade" auf sich? Und was bedeuten die „wunderstaben"?
[58] Durzak: 9.

alltäglichen kreis zu reissen und in eine leuchtende sfäre zu heben."[59] Sichtbar wird dies sehr gut in der ersten Strophe des Gedichts. Beispielsweise die Kombination der Worte „hügel", „schütten" und „brüstung" scheint keinen Sinn zu ergeben. Durch das Plazieren der Worte in einer ungewohnten Umgebung wird der Leser gezwungen, aufmerksamer zu lesen und nach dem Zusammenhang zu suchen. Auf diese Weise entfalten die Worte ihre von der Banalität losgelöste semantische Bedeutungsfülle.

Des Weiteren erkennt der Leser schnell, dass auch in diesem Gedicht keine gewöhnlichen Metaphern oder Allegorien zu finden sind. Auch hier entsteht ein bewusster Zusammenfall von Sinn und Bild. So stellt beispielsweise das „heisse[...] rad[...]" eine Bild gewordene Idee dar und lässt sich nicht so einfach interpretieren wie eine übliche Metapher. „Dabei genügt es nicht allein, die eignen Empfindungen in irgendeinem Symbol darzustellen, sie müssen vielmehr auch durch den Klang und die Farbigkeit der Worte heraufbeschworen werden, sodass alles das, was man zur dichterischen Form zu rechnen pflegt, gleichfalls der Sinnbildlichkeit des Ganzen diente."[60] Es geht also auch wieder um die Klanglichkeit und „Vertonung"[61] der Worte. Es werden „Wörter durch klangliche Auffälligkeit so sehr mit Bedeutung beladen [...], dass sie in den übergeordneten Zusammenhängen des Satzes und des Verses ihr eigenes Recht bewahren."[62] Die Musikalität führt somit zur Isolierung der Wörter. Die Kombination der Vokale[63] in der ersten Strophe können als Beispiel dienen: „hügel", „brüstung", „schütten" – *wirre wipfel* – „glückes hütten" – „schatten", „rastet", „auf", „vase". Diese klanglich auffälligen Worte werden jedoch durch die streng alternierenden Verse zusammengehalten und bilden somit wieder ein Gefüge.

Auch Mallarmés Vorliebe für stärkste Konzentration der Sprache findet sich bei George wieder:[64] Der Vers „entgegen eil ich einem heissen rade" lässt mit sehr wenigen Worten eine Vielzahl von Bildpunkten zugleich entstehen.

---

[59] Klein, Carl August: Über Stefan George. Eine neue Kunst. In: Blätter für die Kunst. Bd. 2 (Dezember 1892). S. 47.
[60] Sior: 63.
[61] Sior: 75.
[62] Wohlleben: 87.
[63] Klein, Carl August in: Blätter für die Kunst. Folge 1. Bd. 2 (1892), S. 48: „Durch genau erwogene wahl und anhäufung von konsonanten und vokalen bekommen wir einen eindruck ohne zutat des sinns. jubel und trauer, glätte und härte, nacht und licht fühlen wir ohne dass wir die begriffe dastehen haben. Alles läuft auf eines hinaus: den großen zusammenklang, wobei wir durch die worte erregt werden wie durch rauschmittel."
[64] „So lernt' ich traurig den verzicht Kein Ding sei wo das wort gebricht". George, Stefan: Das Wort. In: Das neue Reich. 1928.

Selbst die Atmosphäre ähnelt jener des Mallarmé-Gedichts. Über die Strophen legt sich auch hier eine Stimmung des Unbefriedigtseins. Durch die aufgeführten Techniken wird dem Leser jedoch auch hier der Inhalt des Werkes nicht vollkommen dargelegt. Es findet eine Öffnung auf den Leser hin statt. Das Resultat ist ähnlich: Während einige Literaturwissenschaftler in dem „bunde[...]" eindeutig eine Liebesbeziehung erkennen, sprechen andere von der Darstellung einer poetischen Inspiration, die sich – genau wie im Gedicht *Autre Éventail* – erahnen lässt, jedoch nicht von langer Dauer ist und letztendlich unerreichbar zu sein scheint.[65]

Wie gezeigt wurde, ist die Orientierung Georges am Können Mallarmés evident. Dies bedeutet jedoch nicht, dass Stefan George lediglich eine Nachahmung Mallarmés versucht hat. Vielmehr hat er darüber hinaus versucht, die *poésie pur* in der deutschen Sprache anzuwenden und hier eine eigene Dichtersprache zu kreieren. Deutlich wird dies in der eigensinnigen Orthographie und Grammatik sowie in der späteren Hinwendung zur religiös und prophetisch konnotierten Dichtung.[66] Die Bewunderung, die George für Mallarmé empfindet, ist jedoch unübersehbar – vor allem in seinem Frühwerk.

4. Fazit

Die vorliegende Ausarbeitung hat gezeigt, wie weitreichend der französische Symbolismus im 19. Jahrhundert die Literatur anderer Länder beeinflusste und hier als Vorbild bzw. Andockstelle diente. Vor allem die Länder Belgien, England, Russland und Deutschland konnten durch diesen Impuls ihre eigenen, spezifischen symbolistischen Tendenzen entwickeln.

Unter Punkt 3 wurde deutlich, inwieweit der französische Symbolismus speziell auch in Deutschland seine Wirkung entfalten konnte. Evident wird dies an der Gegenüberstellung der Gedichte Mallarmés und Georges.

Es konnte aufgezeigt werden, wie deutlich die dichterischen Eigenarten Mallarmés in einem deutschen Werk, jenes von Stefan George, wiedergefunden werden können.

---

[65] Vgl. Hoffmann: 177.
[66] George lässt beispielsweise bewusst die Majuskeln weg, verzichtet auf Interpunktion und erfindet neue Wörter.

Das Gedicht „Auf der Terrasse" stellt deutlich heraus, wie George die Kunst Mallarmés aufnimmt und in der deutschen Sprache anzuwenden versucht.

Literaturangaben

Arnold, Heinz Ludwig (Hrsg.): text + kritik. Stefan George. Heft 168 (Oktober 2005).
Bahr, Hermann: Symbolisten. In: Die Nation. Wochenschrift für Politik, Volkswirthschaft und Literatur. Jg. 9 (1892), Nr. 38.
Charguina, Ludmilla: The Typology of Symbolism in Central and Eastern Europe. In: Actes du VIIIe Congrés de l'Association Internationale de Littérature Comparée. Budapest 1976.
Citti, Pierre: La Mésintelligence. Essais d'histoire de l'intelligence française du symbolisme à 1914. Saint-Étienne 2000.
David, Claude: Stefan George. Sein dichterisches Werk. München 1967.
Durzak, Manfred: Zwischen Symbolismus und Expressionismus: Stefan George. Stuttgart 1974.
Gérardy, Paul: GEISTIGE KUNST. In: Blätter für die Kunst. Folge 2, Bd. 4 (Oktober 1894).
Hambley, P.S.: Mallarmé, le crépuscule et les mythes: notes sur *Victorieusement fui* et *Autre Éventail*. In: Australian Journal of French Studies. XXII. Nr. 3 (Sep-Dez 1985).
Hess, Elizabeth: The symbolist movement in Belgium. In: The symbolist movement in the literatur of European languages. Hg. v. Anna Balakian. Budapest 1984.
Hoffmann, Paul: Symbolismus. München 1987
Ilouz, Jean-Nicolas: Le Symbolisme. Paris 2004.
Klein, Carl August: Über Stefan George. Eine neue Kunst. In: Blätter für die Kunst. Band 2 (Dezember 1892).
Köhler, Erich: Vorlesungen zur Geschichte der Französischen Literatur. Hg. v. Henning Krauß u. Dietmar Rieger. Band 6,3. http://www.freidok.uni-freiburg.de/volltexte/2654/pdf/19_Jahrhundert_3_bearbeitet.pdf. Letzter Zugriff: 21.08.2010.
Mallarmé, Stefan: Œuvres complètes. Texte établi et annoté par Henri Mondor et G. Jean-Aubry. Paris 1974.
Peyre, Henri: Que sais-je? La littérature symboliste. Presse Universitaires de France 1976.
Schonauer, Franz: Stefan George. Reinbek bei Hamburg 1960.
Sior, Marie-Luise: Stefan George und der französische Symbolismus. Giessen 1932.
Spitzer, Leo: Interpretationen zur Geschichte der französischen Lyrik. Hg. v. Dr. Helga Jauß-Meyer und Dr. Peter Schunck. Heidelberg 1961.
Szabolcsi, Miklós: On the spread of symbolism. In: The symbolist movement in the literature of European languages. Hg. v. Anna Balakian. 1984.
Wais, Kurt: German poets in the proximity of Baudelaire and the symbolists. In: The symbolist movement in the literatur of European languages. Hg. v. Anna Balakian. Budapest 1984.
Wohlleben, Rudolf: Stefan George. Spurensuche für Liebhaber und Lernende. Alf 2004.

Anhang: *Autre Éventail de Mademoiselle Mallarmé* und *Auf der Terrasse*

AUTRE ÉVENTAIL
   de Mademoiselle Mallarmé.

O Rêveuse, pour que je plonge
Au pur délice sans chemin,
Sache, par un subtil mensonge,
Garder mon aile dans ta main.

Une fraîcheur de crépuscule
Te vient à chaque battement
Dont le coup prisonnier recule
L'horizon délicatement.

Vertige! voici que frissonne
L'espace comme un grand baiser
Qui, fou de naître pour personne,
Ne peut jaillir ni s'apaiser.

Sens-tu le paradis farouche
Ainsi qu'un rire enseveli
Se couler du coin de ta bouche
Au fond de l'unanime pli!

Le sceptre des rivages roses
Stagnants sur les soirs d'or, ce l'est,
Ce blanc vol fermé que tu poses
Contre le feu d'un bracelet.
                 (1884)

AUF DER TERRASSE

Die hügel vor die breite brüstung schütten
Den glatten guss von himmelgrünem glas.
Die wirren wipfle und des glückes hütten.
Der Göttin schatten rastet auf der vase

Entgegen eil ich einem heissen rade.
Ein blitz: für uns ein zug von wunderstaben
Sogleich ergriffen durch erhöhte gnade.
Dann aber ach in stete nacht begraben…

Ich suche wieder die verwischten gleise.
Der göttin schatten rastet auf der vase.
O wäre wirklich du so gross und weise?
Ich quäle mich in törichter ekstase.

Triumph! Du bist es · aus dem abendrote
Getauschte blicke las ich meine truer.
Doch treu bekennend kamst du selbst bote
Uns stolz war unseres bundes kleine dauer.

                 (Hymnen, 1890)